ÉLOGE

HISTORIQUE

DE

LOUIS-MICHEL LE PELLETIER.

Is optime laudaverit qui fideliter narraverit.
QUINT.

PAR LE CITOYEN TOBIE.

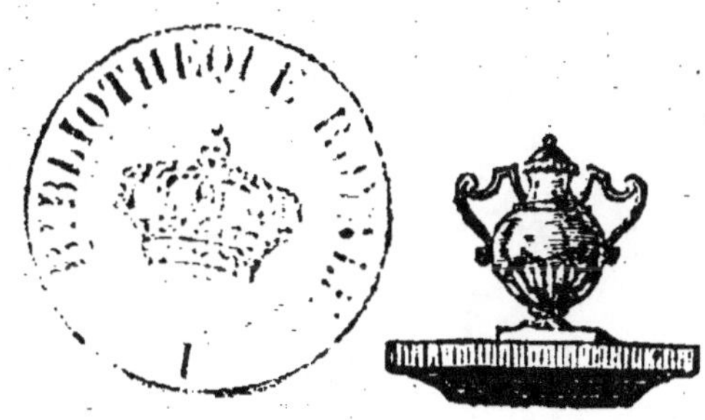

A PARIS,

Chez L'AUTEUR, rue de Thorigny, N° 5.

1793,

L'an deuxième de la République Française.

ÉLOGE HISTORIQUE

DE

LOUIS-MICHEL LE PELLETIER,

Prononcé en la salle d'Assemblée générale de la Section de la Place des Fédérés, en présence des Députés envoyés par la Convention nationale, du Département et de la Municipalité.

Assez et trop long-tems des jongleurs sacrés ont profané, par de brillans mensonges, le Sanctuaire de la vérité. Dans ces tems malheureux d'esclavage et de honte, pour obtenir les honneurs de l'apothéose, rien n'était moins nécessaire que de les mériter. Des druides mercénaires échangeaient, avec un front d'airain, les eaux lustrales contre celles du Pactole ; et la même bouche qui voua le défenseur des Calas aux dieux infernaux, éleva la Pompadour au sommet de l'Olympe.

La Liberté, mère des vertus, en rappelant l'homme à sa dignité première, a proscrit cet infâme trafic. A l'avenir la franchise Gauloise remplacera l'attique urbanité ; l'esprit ne sera plus chargé des intérêts du cœur ; le sincère hommage de l'affectueuse reconnaissance, ne sera plus un vil tribut de servitude, ni les tendres regrets de l'amitié, une redevance seigneuriale. Désormais on ne louera plus les hommes, on les jugera. C'est ainsi, Frères, que nous honorerons la mémoire du Citoyen que nous regrettons, d'une manière digne à la fois et de vous et de lui... *Parais, le Pelletier...* Qui voudra l'accuser, se lève.........

Je prends acte en ce moment du silence religieux qui règne dans cette vaste enceinte. L'équitable postérité saura que l'ami duquel nous déplorons si amèrement la perte, après avoir travaillé sans crainte comme sans es-

poir, avec autant d'intelligence que de cou-
rage, à l'établissement et au maintien de la
liberté, a subi le premier la plus redoutable
des épreuves, pour ces réputations éphémères
qui n'ont pas, et le patriotisme le plus pur,
et la vertu la plus intacte pour base : enfin,
qu'il a été traduit au tribunal du Peuple,
c'est-à-dire, qu'il a été jugé par ses pairs.

Elle saura, la postérité, qu'en ce jour de
douleur et de deuil, au lieu de plaintes on
n'entendit que des gémissemens ; et que le
Citoyen chargé d'exprimer les regrets des Sec-
tions réunies des Droits de l'homme et des
Fédérés, dérogeant pour cet homme célèbre
à la coutume ordinaire ; pour tout éloge, en
peu de mots, retraça son histoire.

LOUIS - MICHEL LE PELLETIER, naquit à
Paris, en 1760, de parens riches et cependant
vertueux.

Son père, révolté des vexations en tous
genres, dont il était sans cesse témoin, et de
l'état de misère et d'abjection dans lequel le
peuple était réduit, ayant, en sa qualité de
membre du Parlement, essayé de faire valoir les

droits de la nation , dont jusqu'à lui on n'avait pas encore osé parler, on voulut lui imposer silence ; il insista , et fut relégué dans les montagnes de l'Auvergne.

Son fils alors, âgé de 14 ans, indigné de cet abus du pouvoir , jura une haine implacable à l'arbitraire. Son jeune cœur , aigri par cet outrage, fait à l'objet de ses plus chères affections, eût dès ce moment, s'il eût été en sa puissance, fait la révolution. Ainsi les excès de la tyrannie faisaient germer dans cette ame neuve et brûlante , l'amour le plus ardent pour la liberté. Contraint de dissimuler , de dévorer son chagrin , son ressentiment n'en acquit que plus de violence. Ne pouvant briser ses fers avec éclat , il résolut de les limer en silence.

D'abord, sous la conduite d'un instituteur plein d'une morale saine , mais exempte de préjugés , il voulut s'instruire à la fois de ses devoirs et de ses droits ; et ce fut pour lui une source de délices , quand, en remontant à l'origine des choses, il vit que ses desirs s'accordaient parfaitement avec la nature, la raison et la justice.

Cette mine découverte, il s'agissait de l'exploiter. Que de plans, de combinaisons, de projets!... Comment, pourquoi tant d'hommes avaient-ils perdu leurs droits ?..... Par quel moyen, de quelle manière pourrait-on les recouvrer? Ainsi, tandis que la plupart des citoyens, façonnés au joug, jouaient avec leurs chaînes, et les couvraient de fleurs, un enfant de 14 ans, pour rompre les siennes, faisait tout ses efforts.

Sèche tes larmes, glorifie-toi, *Clairfons*, ton Elève n'a pas trompé tes espérances. Si le prix de l'éducation se donne au concours, tu peux hardiment présenter ton ouvrage.

A peine sorti de l'enfance, *le Pelletier* fut élevé à une des premières places de la magistrature. Ceux qui l'ont entendu, savent si ce fut faveur ou justice. Une diction pure et sans recherche, point de portraits, point de satire, point de bons mots ; une élocution facile et soutenue, une élégante simplicité, un discernement à l'épreuve, telles furent les qualités qui le distinguèrent parmi ses émules.

Quelques-uns lui ont reproché, dans ces premiers tems, peu de tenue, peu d'assiduité au travail. Ils ne savaient donc pas, ces hommes exigeans, que l'homme doué du génie de son état, ne travaille pas quand il le veut, mais seulement quand il y est disposé. Le génie n'est point une méchanique et n'obéit pas à volonté.

Et en effet, Citoyens, voyez cette foule d'écrituriers qui, sans cesse, assiége les avenues du Parnasse et du Portique ; en travaillant tous les jours et tout le jour, ils ne feront jamais rien d'utile pour la République. Malheur à la veuve ou à l'orphelin, qui remet ses intérêts entre leurs ignorantes mains ! Écrivent-ils ? il est impossible de lire leurs *factums* ; font-ils usage de la parole ? ils fatiguent à parler, leur lourde main flétrit tout ce qu'elle touche. Des guirlandes de pavots ceignent leur tête pesante, et la vapeur qui s'en exhale est le seul bienfait qu'ils procurent à leur auditoire.

Qu'à son tour l'homme de génie paraisse ; on le reconnaît d'abord à l'exposition de son sujet : il éclaire, il anime, il vivifie tout ce qu'il touche, mais rarement il se sert du compas et de l'équerre : il veut travailler à sa guise ; mais quelquefois, en peu de tems, il crée beaucoup d'objets. Tel fut *le Pelletier* ; et si l'on feuillette les registres, on ne verra pas sans étonnement que, malgré son extrême jeunesse, les jugemens qui furent rendus lorsqu'il était en exercice, ne furent, pour la plupart, que l'écho de ses conclusions.

Jusqu'à présent je n'ai présenté *Louis-Michel le Pelletier* à la reconnaissance publique, que comme un particulier qui cultivait ses talens par plaisir et ses mœurs par goût. C'était beaucoup faire pour ce tems - là ; aujourd'hui ce ne serait pas assez : alors toute la philosophie du sage consistait à s'abstenir. Quand, tourmenté par la tempête, le pilote redoute les écueils, il jette l'ancre ; ainsi *le Pelletier*, lassé des manœuvres d'une cour aussi corruptrice que corrompue ; lassé de ne voir que des sots ou des méchans, s'en allait dans ses terres faire des heureux.

En 1788, des orages affreux ravagèrent la majeure partie de ses propriétés, sur-tout une ferme considérable à lui appartenante, située à Pont-de-Remi, dans la ci-devant province de Picardie. Ce désastre répand la consternation dans tout le pays. Le fruit des pénibles labeurs de toute une année, en un seul instant, se trouve moissonné. Ces malheureux au désespoir lui crient merci, les infortunés demandent grace, comme s'ils étaient coupables.

Pelletier les relève, les accueille, les console, leur fait remise de l'année entière, et leur fait donner de quoi ensemencer pour l'année suivante.

Ensuite il s'informe de l'état de ceux qui, après lui, ont le plus souffert, et fait donner, dans tout le pays, du pain à tous ceux qui en ont besoin.

On me dira peut-être que beaucoup de riches en font autant..... je le souhaite ... mais le font-ils de la même manière ?

Le Pelletier était exactement une providence pour tous les infortunés qui avaient quelque rapport avec lui ; il prenait l'intérêt le plus tendre à ce qui les regardait : à l'entendre, tous les hommes étant frères, tous ceux qui habitaient sur ses terres étaient de sa famille.

Je citerais de lui cent traits du genre de celui que je viens de raconter: en voici encore un, que je ne puis me refuser au plaisir de rapporter.

Dans le mois de décembre de la même année, il apprit que le pain allait renchérir dans la ville d'Autun , parce que les boulangers manquant d'eau , avaient été obligés d'en acheter de son régisseur : je l'ignorais , dit-il à celui qui lui en apprit la nouvelle ; allez dire aux Boulangers que j'annulle le marché, qu'ils ne renchérissent pas le pain , et qu'ils prennent de l'eau tant qu'ils en auront besoin.

Je laisse dans l'ombre les bienfaits que lui-même y voulut cacher. Pour l'honorer , comme il convient, je dois imiter son silence. Qu'il me soit seulement permis de prouver, par un dernier trait, combien cette ame aimante et vraiment digne d'être aimée, en usait avec ceux que le sage recommande de traiter comme des amis dans l'infortune.

Lors des réformes nécessitées par la longue suite d'abus auxquels nous devons peut-être notre liberté , tous les hommes opulens se défirent de ce qu'ils appelaient leurs gens ; les uns parce qu'ils étaient ruinés, les autres pour avoir l'air de l'être. Cent fois on lui conseilla d'en faire autant, jamais il n'y consentit. Il convenait avec tout le monde qu'il n'avait pas besoin d'eux; le reste demeurait au fond de son cœur, et il ne laissa échapper aucune occasion de donner à ses fidèles serviteurs des marques de sa bienveillante amitié.

Ne vous y trompez pas, Citoyens ; l'exercice des vertus publiques est de beaucoup plus facile que celui des vertus domestiques. Quand on sort de chez soi, on monte, en quelque sorte, sur le théâtre ; et le plus doux des hommes en société n'est souvent qu'un tigre chez lui. Je n'hésite pas à le dire : oui, celui qui, comme *le Pelletier*, se fait aimer dans sa maison, doit être adoré par-tout ailleurs.

C'est dans cette pratique continuelle d'œuvres de bienfaisance, que *le Pelletier*, comptant sur l'incurie de la cour, sur les dilapidations des ministres, attendait avec confiance un nouvel ordre de choses.

Enfin ce moment arriva, et dans la même année le Clergé, les Parlemens, la Noblesse, tous ces vains jouets de l'orgueil, furent supprimés.

Le Pelletier qui, en raison de ce qu'il les avait vus de plus près, en connaissait mieux les abus, vota un des premiers pour qu'ils fussent anéantis.

(13)

Ce fut à cette occasion qu'il fit le sacrifice de quelques liaisons formées par la nature, resserrées par l'habitude et par l'amitié ; mais ne pouvant se résoudre, ni à dissimuler ses sentimens, ni à composer avec ses devoirs, il aima mieux renoncer à les voir, que de lutter sans cesse avec des hommes qu'il désespérait de ramener.

Toutes les fois qu'on lui parlait des pertes que la révolution lui faisait éprouver : *actuellement*, répondait-il, *je suis libre de parler, de penser et d'écrire ; cela ne se paye pas.*

Quelque célérité que l'on mît pour consolider la Liberté sur des bases inébranlables, il ne paraissait pas content ; il voulait qu'à la voile on joignît la rame. *A quoi bon*, disait-il, *tous ces ménagemens ? pourquoi payer trente millions à cet homme qui trahit évidemment la Nation ?*

Cette action était, à son avis, aussi immorale qu'impolitique ; et lorsqu'il en causait avec ses amis : il m'est démontré, disait-il, qu'actuellement il faut la République.

Journée mémorable du 10 août ! puisses-tu, consacrée dans les fastes de l'histoire, être à jamais la gloire des peuples et le désespoir des rois !

Ce ne fut que de ce jour que *le Pelletier* entrevit l'aurore de la Liberté. Après avoir tant fait pour l'acquérir, faut-il qu'un monstre, vomi par les enfers, l'ait empêché d'en jouir ! O ma Patrie ! ô malheur ! ô jour à jamais lamentable !

Un de ces êtres dégradés, abâtardis ; un de ces hommes vils, qui ont perdu dans l'esclavage, jusqu'au desir d'en sortir ; un lâche que tout Paris a vu fuir dix fois devant un patriote, perce ce courageux vengeur des droits du peuple ; il ne l'attaque pas, il l'assassine : ainsi le vice triomphe et la vertu succombe ; l'opprobre de la nature enlève au monde son plus digne ornement. Voilà ce que permettent les Dieux ; et nous leur élevons des autels !.....

Être des êtres, pardonne si je t'ai offensé... Voilà mon excuse.

Que les faibles humains implorent, s'ils le veulent, ta clémence : pour *le Pelletier*, je ne réclame que ta justice.

Ainsi s'éteint sans retour tout ce qui brille un instant sur la terre , confiance, amitié, vertus, amour sacré de la Patrie, tout est englouti dans l'abyme sans fond de l'éternité.

Fille adoptive de la Patrie, croissez sous ses bienfaisans auspices. Soyez à jamais l'honneur de votre sexe, comme votre illustre père fut la gloire du sien. Justifiez par vos vertus les dons de la nature, et ceux de la fortune ; en butte à tous les regards, prouvez à tous vos concitoyens que le hazard n'est pas toujours aveugle, et que par vos sentimens civiques, par votre amour pour la liberté, pour l'égalité, vous étiez digne de naître fille du vertueux *le Pelletier*.

Frères, *le Pelletier* a fini sa tâche ; vous savez s'il a rempli loyalement sa journée. Il attend son salaire.... son salaire *(prenant la couronne)* le voilà :

Parce que tu as fait de ta fortune et de tes talens, un honorable emploi ;

Parce que, fort de ta conscience, inébranlable dans tes principes, tu as payé de ta vie ton immuable attachement à tes devoirs.

Le peuple de Paris, représenté par ses députés, ajoute sans enthousiasme, mais avec discer-

nement et en pleine connaissance de cause,
cette couronne *(en lui posant la couronne sur
la tête,)* à celle qui t'a été décernée par
la Convention nationale, comme un monument
éternel de son estime et de sa reconnaissance.

Citoyens, sur un pareil objet il reste
encore beaucoup à dire ; mais j'éprouve en
ce moment, qu'en me chargeant de cet éloge,
j'ai plus consulté mon zèle que mes forces.
Je m'apperçois que, pour bien peindre, il ne
suffit pas d'être vivement ému ; je sens combien je demeure au-dessous de mon sujet; et la
faiblesse même de l'orateur, est un nouveau
brillant qu'il ajoute avec plaisir, à l'auréole
de son héros.